8	6				1	
		5		9				
	4				5			6
			8		2		6	9
				5	1	7		3
			3					
				4			2	
	8	2			6			7
7		6				1	9	

#57459 Difficulty: harder

						3		
6		2					4	
	1		9				2	
								8
				7	4			
	7				9			
		8	1		5			6
		5	8			4		7
9			6					2

#91227 Difficulty: harder

3						9		7
				8				
			6		5		1	
8		4	2					
							3	
			7	6				
	2		3	1			4	5
4								1
	7			5				6

#122753 Difficulty: hardest

				3	6			4
				5				6
	9	2				5		
8	3					2		
	1							
		9		6	4			
2		4	7		9			
9					8	1		
	6	1			5			

#123097 Difficulty: harder

8				7			6	
5			9					
		7		1		9		
		3			8			
			5					
	2			4	1			
		6		5				4
	4	8					2	7
3		2				8		

#110379 Difficulty: moderate

7				1	2		6	
1			4					9
	4		3					
4					8			
6			9	2				7
						1		
	5		6			4		1
		6				8	7	5
								6

#205361 Difficulty: hardest

							8	
			7		6			
9				1				2
		8	3			7		1
	3		1				6	
				6		9	2	
	1		8					
2	4	7	9					
				7			5	

#52796

Difficulty: moderate

	1		8					9
			2				3	
				9	3			
		1	5					
	2			6		9		3
4					2	7	1	
	4					2		1
								8
				8	7		5	6

#201185

Difficulty: hard

	1		7					8
2		5						
	6			8			2	
			3				6	1
7								3
			8		6			9
4								
		2					3	
	5				2	1	8	

#139718

Difficulty: harder

				2				4
	7				5		3	
				6		9	7	
		4				1		
				4			6	
8	3				1			5
		5			7	4		6
	1	7			9			
		3		1		5		

#114164 Difficulty: hardest

					8			
3	6		2					1
			5		4			3
	4	9					6	
		8			3			
			1				7	
						5		
2	7		4					
				7		9		

#13852

Difficulty: moderate

6					4			7
	5					3		
			6	2		9		
		4			7			5
	9							1
		1	2	4				
							5	
	1				9	6	2	
			5			7		8

#220789

Difficulty: moderate

						9		6
	4			2				5
3								
				7		6	4	2
9	2		6					
	5			4	6			
	8	9			3			
7	6		5					8

#150802

Difficulty: harder

		4	9				8	1
1	5			6			3	
9	7		6					
							7	
3				8	2			
		2	3		8		9	
7			1			6		
	4							

#52551

Difficulty: hard

9		5					4	
			3		1			
							6	5
	2							8
			2	6				3
					9	1		
2		8	6					
		9						
				3		7	5	

#7217

Difficulty: hard

		2						
5	1		9	8				7
8						9	5	
			5			3		
					7	4	1	
1	8		2	6				
	5			1			6	
								4
	9			5				

#35997

Difficulty: moderate

	2				8	3		
3			4	6		5		
								6
				3		4		1
8		5		2				9
7					1			
	8			5		7		
2		4			6			
						8		

#189706

Difficulty: moderate

				6			1	5
2		3		5	9		8	
			2			4		
	6							
	1					5		2
		7			2			
			5	8				
	2	6			4			9
8						1	7	

#158644

Difficulty: moderate

3						4		
		9		7	4	6		
				2	6	5		
		3	2	5				1
	1							
	7			6			4	
2	3							7
	8		1		5			
1				4		8		

#65650

Difficulty: moderate

	5		8					9
		1	6					
3				1				
	9		3					8
						6		
		2			8	7		
9					2			
1				3	6			
		7			1	2	8	4

#91746

Difficulty: hard

					9			5
6		7					9	
	4				3	1		
	3		8	2			5	
4		8						
							2	
2				4		5	1	
				7			8	
		4	5		8			6

#181645

Difficulty: hardest

		7	8					5
	2			5			4	
1		6						7
		4		6				
		5				4		
	1		7	8				
				1		7	2	
							1	
			4		3		6	9

#219025

Difficulty: moderate

				4		2		6
							8	4
8			7	1			5	
	8	3	4					
9		7			2	5	1	
2		1			5			
	6							
5			6	8				

#63625

Difficulty: moderate

	4	1					5	
2					6			
				2				7
				5		8		
	6			3		9		
		2	8				7	
8							1	
		3			4	7		
9	5		7			2	6	

#192096

Difficulty: hardest

	5		4			9		
4				3	2	6		
	8				1		7	
	3				8		6	
2		8						
	1				3		5	2
				4				
5				9			4	1

#63598

Difficulty: hardest

	9							
1				2	7			
				1	5		8	
					4	6	2	
	8	6	1	7				4
	7						1	
						5		9
5						1		
			5		3			6

#63470 Difficulty: harder

		2	1					8
6		9			2			
			8	9				5
		4				1	7	
8			9				2	
	2							
	6					8		3
	7						4	
3			5				1	

#208660

Difficulty: harder

	7							
	3			4				
6		2			1		9	
9						3		4
								6
5	6		9				2	7
4			8			5		3
	9		2	7		1		

#229640

Difficulty: moderate

				2	5		1	
	6			7				
	7					9	4	
	9							
		1	2				6	4
					8	3		1
2			3					
			1			6	8	
4	3				7			2

#177293

Difficulty: moderate

4		3					1	
				6				5
	5					6		4
			1				2	
			7	5				6
9								
	8				1			9
	4			2		7	8	
	1		6		3			

#106268

Difficulty: moderate

		7		3		2		
	5							4
					6		1	
1		6						3
5			1			8	6	
9	7							
							3	5
	8		7			6		
		1	2				9	

#103541

Difficulty: hard

	1	6		2				
3				7				
		2	5					
9		4		5				
1			7		3			
							7	9
8						1		5
			8			3		
		7		4		9	6	

#91860 Difficulty: moderate

		7			9	5		
							3	9
	2			4				6
5	6			2				
					8			
4		2						
					3		8	
7	5	3					1	
		8			7	2		

#119141

Difficulty: moderate

							5	
		3			9			8
4				6				
								7
7			1			6		
	4		6	5		9		
			9	2		4		
	6	8						
1	2		5		3			

#165971

Difficulty: hard

6			4			5		
4					7	6		
					8	3		7
		1	9				3	
	2	3						
							2	1
7					2			
						9		5
	6			8				

#25746

Difficulty: hard

5		4	8					
			7				6	
8						3		
	9	7		6				
						1		4
				3	2			
				2	4		3	
1	5	6						
						9	1	

#20601

Difficulty: harder

			3				8	4
					2			
		2		1	9			3
	2	7			8			9
	6					3		
		3					5	
		4		2			9	8
5					6			
	9							

#149141

Difficulty: hardest

				7			4	
		8		4		6		
			2			5		1
	5		4		2			
1		3	7				8	
				1				5
	8	6			3			4
2							5	
	7	1						2

#33301

Difficulty: harder

				9			8	
	2			6				4
					1	5	7	
2								
8		3	2		7			
6			4	8		1		
		9				2		
		6	9			8		5
	5					3	9	

#188392

Difficulty: hardest

	2				6		8	
		4					6	3
			1		2			
			6	9	1			
4	8	1						
		2				7		
8		5					3	
						8	4	
			7	5				

#21889

Difficulty: hard

								8
			5					
	7	5		8			2	3
		2				3	7	
					1			9
				6				
	2			9		6		
		4	8				5	
6		3		5	4			

#205581

Difficulty: harder

		4		1		6		
3						2		
	6						3	
2					3		5	9
					2	3	8	
		6						
7								
5						4	1	
		8		7	9			

#118795

Difficulty: hard

			3	8				
	9							
8			1		5		2	4
			7					
1		7	5		6			
	4			2		6	3	
2						3		
7			9	5				
						1		2

#227136

Difficulty: hardest

9			1		7			
5	4						8	
				9				
			8					6
					5			
					2	3		
	6		4	3		9		8
		8					4	
	1		2				5	7

#105686

Difficulty: hard

1					6		7	
					5			6
5	9				4			
	2	9						
			7				5	
						3	4	
9		2				1		
	1	7	2					8
			8					4

#3023

Difficulty: hard

			6	7			9	
	9					2	8	1
			1		8	9		7
	2					1	6	4
					2			
4				5	7	8		
	1	2			6		3	
3								

#194523

Difficulty: moderate

								6
		5	9				4	
		2		6	5			
7			8	2				3
					9			8
8			3				6	
	3			5				2
		7			1			
	2		4	9				7

#125770

Difficulty: harder

					7			3
	3	4						
8					1	6		
7	8			5				
			6	4			1	
						3		
4				3		7		
1		5						
					5	2	8	

#93014

Difficulty: harder

		3						
					2			6
	7		8				4	9
	1		2			8	7	
5			3	7			2	
		6			5			
8						4		
2				9	6	3		

#67170

Difficulty: moderate

2								
				6	4			1
	1			3				
	6							3
		9						
		3	8	5			6	2
7						5		
	3				7	9		
	9	8	5	4	3			

#159267 Difficulty: harder

				1		4		
	5	6	2	7				
2								7
				8		1	3	
	1			6	3			
	3							2
					8			6
	6	8		5	1			
				2				9

#67964

Difficulty: hardest

		1		6	8			
9						3		1
	4				2	5		
						8	4	9
		5						
			7	3				
	9	6					7	3
	1							
		4	9	7			6	

#101728

Difficulty: hard

1					9		3	
				1				
					8	4	2	
		8				7		
			7				4	
4		6	5		3	2		
			1			9		
		2			6			
8	6	7						

#200845

Difficulty: harder

	3	8			5		1	
						5	8	6
1			6	7				
				3	4			
						3	2	
	7	3	2				5	
4			9	1		6		
					2		7	5
	6							

#85840

Difficulty: moderate

		9				7	8	
				7				
1			2		4		9	
	6			8			4	3
	9	2						6
	5			1				9
								1
3		8					6	
					5		2	

#134980

Difficulty: moderate

	7			3			9	
			6		8			
	4				9		1	
			8		3			1
		8				6		5
	9		5	6			3	
	5							3
3							2	
	6	2			4			

#186028

Difficulty: moderate

				6				7
8		5						
			9	7			4	
					8		9	
	1	2			3		7	
		6			1	4		
			4			2		
6	9							
				1				5

#29994

Difficulty: hardest

				4				9
1								
4		5			2		7	1
			6				5	8
7		4					3	
		9						
			5			8		2
2	7			8			1	
	5		1					

#174124

Difficulty: hardest

								6
					9	8		
4	9		3					
		8			4		1	
			2	1				7
		3	7			6		5
			4				5	
6	2	4	8		5			
1								

#126857

Difficulty: hardest

		9	1					
	5			4			1	
3						9		8
	4		2			5		
	2		3		7			
				6				
6				5		3		
								7
		4	9		8			

#127319

Difficulty: hardest

							5	
8		5					6	9
2				5	4		3	8
3	6			2				
	8						9	7
5			1	8				
7			9		2			
		1	3				8	

#143714

Difficulty: moderate

					3		5	
9	6		5		8			
		1			4	9		7
		2		6				1
4				9		8		
							9	
	8				5		1	
3							2	
1								

#208588

Difficulty: hard

7					4	3		
		2						
6	1		2	9				
						5		
	5		4	1	9			7
3					6			
			8					9
			5			1		
2		4		3			7	

#136399

Difficulty: hard

							2	8
	2						1	
	4		8	3				
						9		
	9	1	2					
2		5		4		7		
								3
			4			5		
	8	9		7			6	

#134736

Difficulty: harder

				6		8		
1	7						3	
	9						4	
7						1		8
			8					3
5				3	4	6		
					1			9
6				7	8	2		
				5	6			

#201128 Difficulty: hardest

6								5
1		5	3					4
	1				9			
		6	1		2	4	9	
						8		
		9		7			3	
	8			9	6			
		7	4					2

#196096

Difficulty: harder

	2				8		7	
			4		7			
	5					1		2
		4		3				
8				6				
							9	5
		6				4		
	4		1		6	2		
		3	7				1	

#3747

Difficulty: hard

		8	5		7			
3		9			4			
	5		6					2
7	3	4		1				
	9						6	7
							2	1
6		5						
	7							3
					9	5		

#152414

Difficulty: moderate

	6	5	9					
					1	4		
	5	7			3	8		
		1	5		4			9
6						2	7	
				4	7	9		
8		2						
	7		6			5		

#221658

Difficulty: moderate

						1		
			2	1				6
			9		3			8
	5							
					2	9		
1	2			6	5		3	
3	8			5			2	
			6		7	8	9	
	4							

#186163

Difficulty: hard

	8	4	6				2	
		1		9	2	4	3	
		2						
7								6
3	1		5		8			
				3		9		
	9	5	1	4			8	
					7			

#36766

Difficulty: harder

	9				3			
					2		1	
		7	4				6	
8				6		2		9
	3		1					6
6							7	8
2			8					
		9				4		
5				2				3

#203150

Difficulty: moderate

		5	3					
1	4					6		2
2			7					
		2	8	7	5		3	
					3	4		
						8	5	
				8	1			
6	9					7	1	

#88855

Difficulty: moderate

			1		9			8
		5		2	6	9		
							5	1
	7	2			4			
		1			8	3		
	2	3						
4	8	6	7					
5			4				9	

#58425

Difficulty: moderate

	2	1						
	5		6				2	7
				8				
9							8	
		3		2	7		5	
		5	8	1				
	4							
	7			3		5	6	
3			5		6	1		

#178747

Difficulty: harder

			4				3	
9	6	2		7				4
8			6					
3	2	6						1
			9		5		8	
				1			4	
	9		7					
				2	8	5		

#86716

Difficulty: moderate

					2			
4								
8				4	3		7	
	1		8			6		
		7						
2		4	6				9	
					5		2	
			3	9	1			
	7	5		6			4	9

#40998

Difficulty: moderate

		7						
	5			6				
4					3			8
		9	1			8		
				5				
6		1	2		8			
	9		5			6		
	1				7		2	3
	4					5	7	

#31911

Difficulty: hardest

7							8	4
9								
	1		8					
							4	9
		7	5					
	4	5				1		
					4		6	8
	6		1		2			
4			9		8	7		5

#57145

Difficulty: hard

			6		7			1
8				3				5
		3	2					
3		2		1				
						3	4	6
	7	4					8	
						4		
	8	9			2		7	
						6	1	8

#70668

Difficulty: moderate

			3					
	5	1						
			6				4	7
	4	2			3			
1							8	
8			4		5			
		7			2		9	
3			8		6		7	5
		9				4		1

#210801 Difficulty: moderate

		7						
3						9		
			8		5	6		
	1						8	
			7	1				4
		4			8			9
			2		9	5		
5	7	9						1
		2	6					

#47814

Difficulty: harder

			1	9	3			8
4				2				9
6								
	8	4		5			1	
1			7			6		2
			8					3
8								
5			4				2	
	2			6				

#101381

Difficulty: hard

9		7	6					
				3				8
1	4							
6			4	5				
			3				6	
					6	8		9
2	1			7			4	6
			5					7
				8				2

#188842

Difficulty: moderate

1			2		7			5
		3			6		1	4
						9		8
2	9		7	3		4		
	6				8			3
		5	3			2		
		6		4				
								1

#181500

Difficulty: moderate

	2	6			1			
			8		9			
					5			4
	8	9						6
1		2	9					
	3						1	7
			3	5			4	
	1						6	2
				8	6	5		

#208225

Difficulty: hardest

	9				6		7	8
			5		4			1
					9		2	
6	8							
3	4							
		9					5	
			6		5			2
				7	1	8	4	
	6		4				1	

#43617 Difficulty: hard

				2				
5			4			7		
					1	9		5
3	6				2	1		
	8			6				
4	9			3				1
7				9		6		4
2					6		3	

#171651 Difficulty: moderate

8					6			5
		2				1		
			2			8	9	
	1			9				
								3
	8		6		3	5		
				7		3		
		4	3					
5	7				8		4	6

#142887

Difficulty: moderate

		4			9			
	3		4	1				
5		8						
			3					4
		5	2			7	6	
				7	8			3
				4				7
		2					4	
	8		7	2		5		1

#164088

Difficulty: harder

			4	9				
		3			5			
6				8		2		
								4
			2		1		9	
	7	6	3					
3	8			7				
								5
1			5		9			2

#76143 Difficulty: harder

			2					8
		6		3				
8		5					7	
		2			7	6		
6								
4		7	3		9			
							5	2
	8	1				3		
	4		8				9	

#77737

Difficulty: hard

9		1	8			6		
4		2		3				
			2			1		
		3						
7	5						2	
				8		5	4	
			7	9			8	
								3
8		6	3	4				

#210831

Difficulty: harder

			9				8	
						3		
8				4	3			
	4		8				1	3
			2			7		
	9	2			1			
	1	5					9	
4	7							
			3	6		5		

#90413

Difficulty: moderate

7		6						
						8	4	
	2		1	9				
					9		3	8
					6			5
				7			9	
		1						
4			6		3		7	
3					5	9		6

#152213

Difficulty: hardest

							6	
1					3			8
4		7	2					9
							9	2
			7	5		4		
	2				1	3		
6						1		
			3	6	5			
	9	2						

#67656

Difficulty: hard

	6		5					8
1								
9			6			7		
	9		1					5
3	5							6
			8					4
	7			5		6	4	
	8			3				
					2			

#54921 Difficulty: hardest

								7
			2			5	1	
6		7						8
	9			5				
8	5		9			2		
2			3	9		4		
9			5		1	3	8	
	6				2			9

#105229

Difficulty: hard

					9	5		
			3		7			
	2	8	1			3		
	4	1			2		8	
	9		7					
								5
		5					4	
				6				2
7				1		8	6	

#198264

Difficulty: moderate

9					1			
				7				
			5				9	6
	7							
4	3							8
			8		4		6	1
1	4				2			5
						6		7
2		8				3		

#35939

Difficulty: moderate

	2							
4			5		8			
							8	2
	1		6		7		2	
				5	9			
				3		4		6
		2		7	3		1	
8		3				6		
9							4	

#52379 Difficulty: harder

	2							
4			5		8			
							8	2
	1		6		7		2	
				5	9			
				3		4		6
		2		7	3		1	
8		3				6		
9							4	

#52379

Difficulty: harder

			4					
				6	3	1		
	5			1				
	4	3		5				
6						9	2	
2								3
					7	6		
	7	4	6			3		5
	1				4			9

#140650

Difficulty: moderate

							3	
	6				1			4
8		7				9	2	
		1	2				6	
			5			7		
2								6
		6		3	8	4	9	
3	4		7				5	

#229574 Difficulty: moderate

		6				7	8	1
5								
	3							9
3				6		5		
				1	8		4	
		9						
		1		2	9		6	5
		4		3	7	9		

#187291

Difficulty: harder

						9	2	
5		2		4		6		
			1		6	5		
4					2			
		8					6	3
					7	4		
		1	5			7		
9		5			1			8

#113149

Difficulty: moderate

	2			8		4	6	
					9	3		
			5					1
	3					8	5	
7		6			8			
		8				9		2
				4				9
					7			
	8	5			3		2	

#222115

Difficulty: hard

4		6	3			1		
	1		7			3	6	
5	3			1			8	
7	4							
			4			9		
9					6		5	
		3		7			2	
			9			7		4

#135416

Difficulty: hardest

		8				5		3
	9	6			1			
			2		4	8		
	3			9				
				3		7	4	
		2		7	5			
5	1			6		9		
			4	2				8

#181628

Difficulty: moderate

		5					8	2
				2			9	
	4				5	6		
		1	7					
			8	4	6			
					3		7	
	9	4			8			
1	7		9	3				
6				1			2	

#47145

Difficulty: harder

8						3		
5					6	2	1	
				1		4		8
		6			1			4
		3						
				7		1	8	
		5						7
3	1	9					5	
	2				9			

#82294

Difficulty: hard

		7						1
4		8				6		
	6		9			3		
		6	2		5		8	7
5								
	8		1	9			4	
7		2			6			9
	3		7					8

#117224

Difficulty: harder

	9	5	2	7				
			5		8			
				4		2		6
			4	3	1			
	1						2	
		4		8			7	
7	2		9					
							4	5
						8		

#20063

Difficulty: hardest

					6		1	
			8					4
	9		7				8	
1			3		5			9
						6		5
2								
3					2		6	
	4				7			1
9	7	1		8				

#84172 Difficulty: harder

			5	2	8	6		
							3	
	2			6				
							8	
8					2			4
7					1	2		
	9		6			7		5
		1		8	3			
		7						

#170979

Difficulty: harder

		8		3				7
6					5			
	5		1			9		
7	8					4		
3					1	2		
			9	2	8			
2				7		8	4	
	4							
				5	4	6		

#131903

Difficulty: hard

6								2
		8	9					
					5			
	1					9	8	
5					2	3		
	3	6		7			5	
8		2						6
7	5	4		3				
		3						

#109626

Difficulty: harder

			3					8
						9		
					2			
9	7		6				5	
		1		7				2
	3	2			1			
1		3			6			5
		8		4	9	6		1
	6							7

#75799

Difficulty: moderate

4				3				
								1
						3	5	7
					3		2	5
			2		9		8	
5		7		6		1		
		3		8		6		
8								2
2	9	4			6	8		

#50480

Difficulty: harder

6		2						3
				1	7			
			3					7
	6		9					8
1				5	6			
2					1		3	
		5						1
			4				8	
	3	7			2		4	5

#121513

Difficulty: moderate

	7		6	1				
	1		8				3	
			2				8	
		2						
1		4			6	2		
						3		5
9					3	5		
6				5	9			
						4		1

#29950

Difficulty: hard

			4			9		
				5	9		3	
				7				2
	5			3				
			7			4		
4	3				1		2	6
			8				4	
		2						7
6					3	8		1

#116823

Difficulty: moderate

	7			4	8			
	6	2						
9								
				3		1	7	
1		7			2			6
		6	7					
	5			2		3	4	
		9	1		4		8	2

#143283

Difficulty: hard

	4				9			
	8						4	7
			5					
			4	3		2		
		1		2		5		
		6						
							2	6
	6		9					5
		9	8	4		1		

#113695

Difficulty: moderate

	8							
2			1					
		5	9		8	7		
				9	3		2	
							6	8
5		4						7
				6		9		5
4	3		2					
1		9		4				

#42368

Difficulty: harder

	3							
				5				1
					6	3	9	
		5	2					
	6	2			9		7	4
		8		1				
			5				3	6
7					3			
6					7	1	8	

#201346

Difficulty: hardest

5					7		3	
			3					
6			1			9		
		2						
1					9			
9	3		7	5			6	1
	7	1			3			8
3		4					5	
						7	2	

#213506 Difficulty: moderate

		6			8		7	
2		8		1				3
							5	
	3							
				2				
9	5					7		
	1				7	9	3	2
		3		4	5	8		
	6							

#142742

Difficulty: moderate

6			2			9		
	2			4				6
1	3				7			
			9		1			3
				3		6		8
	7	1			6			
							4	9
					8			
	9	8				1		5

#75857

Difficulty: harder

	9					3		6
			2					
			3	6		8		7
				3		5		
	3	7			2			
			8		4	7		
	1	8					5	
		2	6		8			
5			9			6		

#39084

Difficulty: moderate

				3	7	9		4
	8		4	1				
								2
		7	1		6			
		5					4	
								3
	3					2		
	2		6					1
9				4		5	6	

#79855 Difficulty: moderate

			3		2			5
2				7	8	6	1	
	4		5				2	
			9		6		5	
				3				
		6		8			9	2
4		5						
1		2						

#98342

Difficulty: moderate

2			4		1		5	
	8		5				3	
				7			6	
5	1					2		
4					7			
				8		7		
					3			9
	2				4			3
		6						

#15073

Difficulty: harder

8	5							
		6		9			2	
	2				3			
3								4
		5				7		
					6	1		
4	7		5		8	6		
1		3			7	2		
			1			4		7

#30401

Difficulty: moderate

	3							
					1		9	
5				6		1	4	
6					8			
						9	3	
7		9		5				2
	6							
9		4		3			5	
					7		8	1

#223823

Difficulty: hardest

			7	4		2	1	
	3							
	9				5	4		
			4					
					1		7	
		5		8				4
	7					5	2	
				5	6		8	1
	1			9				

#119634

Difficulty: moderate

	1		6			5	4	
9			1					
4				3		6		
		7						
		3						
	6		5			7		
	5				2			7
	3							1
				9	8			4

#11342

Difficulty: moderate

	5							
		7				4		
1	9						3	
		4		2				
	3				7	8		
			4				6	2
	6							
3		9	2	6		7		5
			1		4	9		

#65335

Difficulty: hardest

2		4						
			9			1	5	
			7					6
7				8			9	4
5	9							
	4	3	5	7		9		
					3	4		
				6	2		8	1

#59365

Difficulty: moderate

	4	7	8			3		
2		3		5				
					8	1		
	9				7		5	3
8	2	4						7
	8		2				9	4
	7							
				7	5			

#202252

Difficulty: hard

	6	9			8			
5		8		2				
4						9	5	
	9					3		6
	2				6		8	
								7
	3			7	2			
							1	
1		4		5				

#2326

Difficulty: moderate

1		2			3			
					6	5	4	
								8
	2					6		3
		1	9	8				
		4						
						7	5	1
	4	9						
			3	2				

#20217 Difficulty: hard

				6				
				2			7	6
		8			4			
1							8	
	2					3		5
4				1				
	7	6			3	8		
							5	
3		9		7	5		2	

#122165

Difficulty: harder

8					9		5	
			4					
				3		4	1	
			6			2	8	5
1					5			7
	2			7	3			
						8	3	1
		3	8		1			
9							6	

#63155 Difficulty: hardest

	2					3	1	
				9	5			8
7								3
9				1	8		6	
			4			1		
6	7							
8					2	5		
1		4		3			9	6

#103976

Difficulty: harder

	2				8	3		
3			4	6		5		
								6
				3		4		1
8		5		2				9
7					1			
	8			5		7		
2		4			6			
						8		

#189706 Difficulty: moderate

				6			1	5
2		3		5	9		8	
			2			4		
	6							
	1					5		2
		7			2			
			5	8				
	2	6			4			9
8						1	7	

#158644

Difficulty: moderate

3						4		
		9		7	4	6		
				2	6	5		
		3	2	5				1
	1							
	7			6			4	
2	3							7
	8		1		5			
1				4		8		

#65650 Difficulty: moderate

	5		8					9
		1	6					
3				1				
	9		3					8
						6		
		2			8	7		
9					2			
1				3	6			
		7			1	2	8	4

#91746

Difficulty: hard

					9			5
6		7					9	
	4				3	1		
	3		8	2			5	
4		8						
							2	
2				4		5	1	
				7			8	
		4	5		8			6

#181645

Difficulty: hardest

		7	8					5
	2			5			4	
1		6						7
		4		6				
		5				4		
	1		7	8				
				1		7	2	
							1	
			4		3		6	9

#219025

Difficulty: moderate

7		6		9				1
		1	3					8
9						3		
8							2	
		3			9	6		
		8		4		1		5
1			5		3	9		
	4		7	8				

#199149

Difficulty: harder

						3		
	7		2	6				
5					8			
	4				5		1	
		3	8		1			
			6		7	2		5
6						5		
	3							2
		9	4			8		6

#202394

Difficulty: hard

		6	5	3				
	4							7
						6		2
	3			8		7		
			9			4	8	
7		5						1
								4
5	1	9			3			
			2			5		

#113892

Difficulty: harder

	5						6	
	8	2			1			
3	6					7	9	1
						6	2	5
						1		
			3		6			7
			9	5				
						4		
9			1	8				3

#147219

Difficulty: moderate

6								1
				5	8		9	
						2	4	
7			4			5		
			8					4
		1					6	
	3		1		9		5	
1				2	7			
4		9					3	

#86145

Difficulty: harder

		2				8		
				9				1
		7			4	2		6
			7		1			
	3	4					2	9
6		8						
						4	6	
5	9				2		7	
				5				

#131932

Difficulty: harder

		5				3	2	
					6	4		
		2		4		7		
1	3		7					
	2						8	
6					1			
			8				9	6
	7		9					2
3	5							

#3549

Difficulty: moderate

7					6	5		
			4	5	3			
	9	4						2
				1				5
3		7			8			6
					2	9		
	4							
		8					1	4
	6			2				

#122357

Difficulty: moderate

			5				6	
								3
		5		4			9	
	1				7			
		9			2	3	8	1
		6	9					
	4		8		9	7		
3			4					
	9		1			8		

#145275

Difficulty: moderate

		6						
					4		9	
			3				2	
		3		6				
6			2	1			4	5
1				5				7
		2		8		1	5	3
5		7						
		9					8	

#55053

Difficulty: harder

	4			2	8			
	6						3	
2					1			4
			3			5	9	
	8				6			
		7	9			8		
4		9						
				5	2			
								1

#2121

Difficulty: hard

	5	6					7	
	8		9					
	7						4	
				9	4			
2				3				
3				8		5		
					6			7
	9	1		2	5	8	6	
								4

#134496

Difficulty: hard

		4		1				
				6				2
		8	9					5
		9	7					1
		2	8	3				
			2				3	
3						8		
5		7					2	
	9				4		6	

#211873

Difficulty: harder

	3			5			1	7
								8
		4	6					
	7	5	9	2				
							9	3
		6		7	1			
1	9				4			
		8		6				
					2	4		

#113958

Difficulty: moderate

			3				8	4
					2			
		2		1	9			3
	2	7			8			9
	6					3		
		3					5	
		4		2			9	8
5					6			
	9							

#149141

Difficulty: hardest

				7			4	
		8		4		6		
			2			5		1
	5		4		2			
1		3	7				8	
				1				5
	8	6			3			4
2							5	
	7	1						2

#33301

Difficulty: harder

				9			8	
	2			6				4
					1	5	7	
2								
8		3	2		7			
6			4	8		1		
		9				2		
		6	9			8		5
	5					3	9	

#188392

Difficulty: hardest

	2				6		8	
		4					6	3
			1		2			
			6	9	1			
4	8	1						
		2				7		
8		5					3	
						8	4	
			7	5				

#21889

Difficulty: hard

								8
			5					
	7	5		8			2	3
		2				3	7	
					1			9
				6				
	2			9		6		
		4	8				5	
6		3		5	4			

#205581

Difficulty: harder

		4		1		6		
3						2		
	6						3	
2					3		5	9
					2	3	8	
		6						
7								
5						4	1	
		8		7	9			

#118795

Difficulty: hard

								4
		1						
	6					7		2
6		7			1	5		8
	9		3	8				7
				2				
5				1		2		
	3	2						
			7				8	1

#98277 Difficulty: moderate

						7	1	
	1			2			5	4
					8			
		9				5		
			3	7			9	
5		7			2	6		
	4							3
			9			8		
			7				6	

#37903

Difficulty: moderate

			9	6				
		4		5		7		
8		5			1	4		
7					6			1
				4		2		
		3						
		7	3					
6					7			3
						5	9	

#149347

Difficulty: hardest

3								8
	1		3	4				
6				9				
5								
			4		2			1
					6		8	3
		5		8		9		4
8		7						
4				2	3			

#205844

Difficulty: hard

		9						
4					2		6	
6	8			5		9	4	3
7			3			1		
	5					6		
8								7
			2			5	1	
		5						
			7	8		2		

#57987

Difficulty: hardest

				2				7
	6					8	3	
		1	4		8			5
				7				
	9							4
		7	6				2	
		4				1		2
8				5				6
	7				1		8	

#227865

Difficulty: hardest

	7							
	2	9	3					6
		5			1			4
					8	6		
							4	9
	5		6		4	2		7
	4	3	9					1
						7	5	
			7					

#146244

Difficulty: hardest

			9	5				
7		6					4	
					7		3	
2	7				1			
1					3	6		
						9		2
	5			8				3
		4				1		7
	8		2					

#28472 Difficulty: hard

							3	
					7		5	
4	8	9						6
	9				3		2	
2		7		5				
	1		8					5
					4			
				6			9	4
		1				7		2

#169275

Difficulty: moderate

						4		
8	7		1				6	3
			6	3			7	
1			5					
3					1		8	5
	8	2	7					9
			8					1
	9							
					4	6		

#71787

Difficulty: hard

1		2			3			
					6	5	4	
								8
	2					6		3
		1	9	8				
		4						
						7	5	1
	4	9						
			3	2				

#20217

Difficulty: hard

3	9					8		
						9		
				7			4	6
						7		
	6	5	7					
		4		8	9	1	5	
1	8				5		2	
					4		1	
			8					

#92339

Difficulty: hard

						2		5
4		6	9	7				
						9	6	
							8	1
5	8							3
			3	1				
					2	6		
	3	9	5					
		4					7	

#22927

Difficulty: hard

	6	8	2	5				7
	2							
		3			8			
								8
	1			9	3	7	6	
3					1			2
							2	
		6		8	7	9		4
	3		4					

#216970

Difficulty: moderate

			9	3				
		6						2
								4
	3				5		4	
	7				6		1	
					2		5	6
9	1		7					
2		7	8			9		
						8		

#18909

Difficulty: hard

							5	
2			6					1
	9		8					3
					6	2		
6		8	1			4		
	4						3	
9				8	3			
8				9			2	
			4				7	

#205550 Difficulty: harder

7				1		9		
			8				7	4
		3		4			1	
9		7				6		
5								1
			7					2
	8				6			
					8	3		
			2	7	5			

#64195 Difficulty: moderate

		7						6
						2	7	
		6	9	2		3		
5	9						4	
	2							3
				3		8		
6						1		4
			4	8				7
	1				5			

#58632

Difficulty: hard

	2					8	1	
					9			4
			7	5				6
	7		5					
5			8		2			
		4				9		
	6							
			9	3	5			
	8	9	2				7	

#43649

Difficulty: moderate

	8	6			5			2
		9						
	2				8			
	5							
		2		4	7		1	
7	9	4			3			
				1				6
			5		2	3		
2				3	6		9	

#210613

Difficulty: hard

		9				7	1	
1					7		8	6
		2	3					
			7					
	5							1
7		1	4	9				5
	3			8				
5				4		9		
						6		

#100286

Difficulty: harder

		4						
			5	7		8		
		3		8		6		9
			3	5		9		
	2	5						6
8					1			
				6				
9	7		2					
1							7	2

#195718 Difficulty: hardest

		6		9			2	
	8	7						
			2	5		3		
	2	8	1		7			
				8		4		
					9			
					1			4
6	3					5	7	
		2					3	

#93487

Difficulty: moderate

2			7					6
		6				7		
		1					2	
3						8		9
	9		3					
4		8	6					
			4		5			
	7			6	2	4		3
	8					6		

#56512

Difficulty: harder

2	1				5			
		7	4		2			
							5	
	4	8	6			7		
	3		7					
	9				3	8	1	
			9				7	
					1	4	8	
			8	5	6		2	

#189143

Difficulty: hardest

5	8				1	4		
			9					
1			4		6			7
9					4		5	
				7				3
	5				2	1		9
8								
	4	1					7	
		3		2				

#78016

Difficulty: moderate

6				5	8		2	4
	2					7		
								9
	3			4	5			2
9		5	3	8				
			7	1				
	5	9		2				3
						4		6

#100850

Difficulty: moderate

	8			3				5
	9		1		6			
		1				7		2
5						2		
9		4			1	6		7
		3						
	6							
				7	4	1		
				8			4	

#189616

Difficulty: moderate

9			1		7			
5	4						8	
				9				
			8					6
					5			
					2	3		
	6		4	3		9		8
		8					4	
	1		2				5	7

#105686

Difficulty: hard

						2		
6		2			1			
				8		7		
			6	9	4			
	1				7			
	7	5	3					
8	6				2			
	4						9	
						5		3

#208922

Difficulty: moderate

	3							
1	6	4		3				
				2			6	5
9					1			
					7		4	
5							8	6
			7		2	1		
			8					
3	2	9						

#3820

Difficulty: moderate

			9	3				
3		8					1	2
		5						
1			6	5	2	4		
					1	7		
2								3
	9	1						
						6	8	
				7	5			

#1608

Difficulty: hardest

6							7	
	3							
		7		9		5		
			4					9
2					7	1		
8			6				5	
	6				5	4		
	2	5			9		3	
	9			1				

#154822

Difficulty: moderate

1		8				5	6	
				9	4			
	4	3						2
			3	5				
		6	1				9	
	3		5	2				
8		2						
9						1		7

#29457

Difficulty: hard

		3		6		4	2	
					7			9
	5			4				8
		7					6	
			1	5			4	
	9			7		8		
	6				1		7	5
8		2						
								6

#47380

Difficulty: harder

					7			3
	3					7		
		1		6		4		
			3			5		
						9	7	2
	2	4						
	1	5					6	
	7	6	2				4	
				4	8			

#139007

Difficulty: moderate

	8					4	5	2
			3					
2		6						8
							4	3
7	9			3		8		
			1	7				
	4							
		2					1	9
					8	3	6	

#137988

Difficulty: harder

		7	4				1	
	9				8			3
3		6			2	9		
					1			6
							9	1
	5		3	4				2
	4			2				
				7	4			
	6			3		5		

#49259 Difficulty: moderate

	4			2	8			
	6						3	
2					1			4
			3			5	9	
	8				6			
		7	9			8		
4		9						
				5	2			
								1

#2121

Difficulty: hard

5							7	
								2
	7			1			6	
	6	5						4
2		8		4				
4	1					2	9	
	2			9		7		6
8					5	1		
			6				4	

#76689

Difficulty: hardest

						1		
	1		9	3				
4								7
				5		7		1
2			3	1				6
	7		4					
8		5			3			
		4	5					2
6			2	4			9	

#82196

Difficulty: hardest

	1							
		3	5			6		
7				9				
		2		1			9	
	3	6				2		
		4		7	9			
			3			4		5
				5	2			9

#227595 Difficulty: hard

				6				
6	7			9				3
			8		1			
8			4			2		1
7								
				3	2			5
		5	2			3		
					5		4	6
9		8	6			5		

#34012

Difficulty: hardest

				9				1
8								
				1	7		2	
							9	3
	3				6		5	
2	9					1	6	
		9	4			5	7	
3			8	2				
	4				1			

#139036 Difficulty: moderate

	5			2				
			8			5		4
				4				9
						8		5
	9	6			3		7	
					6			3
4	8	5	1					
	1		4					7
2		3						

#73428

Difficulty: moderate

Easy Sudoku Puzzles 1

Sudoku Puzzle 1

1	4	2		9				5
7			4				8	9
8		5					2	4
2					4	8		
	3				1	2	6	
	8			7	2	9	4	1
	5		2		6			
	2	8			9	4	1	
	7	9	1		8	5	3	

Sudoku Puzzle 2

1				9	4	7		5
5	7	3	1		2			
	4			5	3	1		8
	8	1	5	6	7	3	4	
			8		1			7
	5	6	4		9			2
4	6						9	
	3		9	1			7	6
9				4				

Easy Sudoku Puzzles 2

Sudoku Puzzle 1

	8					7	9	3
	1		9	8	5			
	6			7			1	
	4		7	2		3	6	
3	5		8			1	7	
		7	3		1		8	
1			4	6	7	8		9
5	9			3			2	
	7		5			6	3	1

Sudoku Puzzle 2

6				5		7	2	3
7			1	2	6			9
2		5		4	3			6
	6	1	2		4		7	5
	2	7				3	9	4
				8	7	2		
	7	6						
1			8			6	5	7
9	3			7	5			

Easy Sudoku Puzzles 3

Sudoku Puzzle 1

		6	9	2	3			
		2		6	1	3	4	5
	1		4		5	2		6
	3						8	
7	4		5		6			
								9
	6		8		4		7	2
2	8	9	6		7	4		1
	7	4	2		9		6	8

Sudoku Puzzle 2

8	2	5						6
			9		3	2	7	8
			8	2	6	1	5	
			2	6				
	8	9	5	1		4	2	
7		2			4		6	5
	5		4			6		
2		6			8	5	3	7
				3	5		4	2

Easy Sudoku Puzzles 4

Sudoku Puzzle 1

6	7	9	3					
4			7	9	2			6
	1		5	8	6		4	
		8						
		3	1	6	8	2	9	7
2		7		5	9	3		
						9		
8	5		9	2	1			
9	3			4	7	5	8	2

Sudoku Puzzle 2

	2	4						7
7	6					8	2	
8	9		7	4				
5	8				6			
			5	9		6	4	
9			2	7	8	1	5	
4		9				7	6	5
3			1	6	7		9	2
6	7	2			4		8	

Easy Sudoku Puzzles 5

Sudoku Puzzle 1

8	1				5	4		
		7	9					6
2	6		7	8			9	1
	4		3			6		2
9		6					1	5
3	2		6	7	1			8
		2			8	7	5	
7		3	4	2		1	8	
4			5			2		

Sudoku Puzzle 2

	8		5				1	7
1					8		5	9
9		5				6	3	
4	6	3	8	7	9	1		5
8		2					4	
		7		2	4		8	
7	5	9	2	8				4
		8	7	3				1
6						8		2

Easy Sudoku Puzzles 6

Sudoku Puzzle 1

			3		9	4	8	1
4	2	9	1		5			7
	1	8		4		5		
	4		9				5	
9	3	5	4			2		
	7	2	5	3	8		1	
7			8	1			2	
		3				8		6
		4	6	5	3			

Sudoku Puzzle 2

			2	9		5		
					5	7		2
2		9	3		7	8		4
	2		7	5	3	9		
4	7		9					
	9	5	4	2	6		3	
				7	2		5	1
5		4			9			6
7	6	2	5		1		8	

Easy Sudoku Puzzles 7

Sudoku Puzzle 1

9			2		8	6	4	
	8	3	5					2
4			7	3		1	8	5
	1	5		7	6		9	
	6	9	4		3			8
8			9		1			
			6	9	7		2	1
7			3			5		9
6				4			3	

Sudoku Puzzle 2

7		3	9	8			5	1
			1	7		3	8	6
8	1				3	7	2	9
		2	4	3	6	8		
6	4	5						
9				5				7
2	9	7				5		
4			7		9			8
		1	6	4		9		

Easy Sudoku Puzzles 8

Sudoku Puzzle 1

					6	7		
1	2			8			4	5
4	7			3				9
7	8	9	1	2	3			
3		2		6	5	1	9	7
		1		9	4	8	3	2
5						9	7	
	1	7			8	4		
		8		7		3		

Sudoku Puzzle 2

2	7			4	1			8
		8	3		5		1	
		3		2		7	4	
6	3		8			5	7	
9			1			6		
1	2			3		8		4
7		1		8	3		6	
8		9		6	7	1		2
3						4	8	

Easy Sudoku Puzzles 9

Sudoku Puzzle 1

	7	4	9		2	5	3	
	6	2	8					4
	8		4	1	7	9	6	2
		7		2				6
4	5				9	2		
	2				6		5	1
	3			5			4	9
		5	2		3	8		7
	9				4			5

Sudoku Puzzle 2

	5		4	3				
1		4	8	6				2
	3						4	8
4		2		5	8			
5			3	9		4	8	6
6		3			4	2		5
	6		7	2	1			
7	2	9		4	3			
	4		9	8		5		7

Easy Sudoku Puzzles 10

Sudoku Puzzle 1

3	9						4	6
			9	3	7	2		8
	7			6				5
	1	3		2		8	6	
2				9	3	1		7
				1	8	4		2
8							2	1
	3			5			7	4
5		4	1	7		9	8	3

Sudoku Puzzle 2

	9	8	7		2		3	6
		5	6	9	8			
2		4	1				7	
8	4		5			6		3
9			4					8
	7	6					1	4
				1	3		6	5
3	1	2			6	4		
	5		8	7		3	2	

Hard Sudoku Puzzles 10

Sudoku Puzzle 1

	1		9					
4			5		6			
			1		7		3	8
	7	9					2	
3				6	1		5	
		8						
	8							
	4				8	1	6	9
2				4	5			

Sudoku Puzzle 2

	2		5				8	
				3	4			
				1				
4	3							9
1	9	5		6	3			
			9				6	
9	5					4	2	
	6		8					5
	4	7				1		

Medium Sudoku Puzzles 10

Sudoku Puzzle 1

		5			8	6		1
7				2				9
8	4						3	
	7	3	6	8	5	1		
	5		2					
2	9			1				3
		7			2	8	5	4
6							1	7
			7	9			2	

Sudoku Puzzle 2

			1	2				
5				6			8	3
7			4			6		9
8					1		6	
4	9		8					
					3		9	2
		6	5		2			
2	1			8	9	4	5	6
	5			1			3	7

Hard Sudoku Puzzles 1

Sudoku Puzzle 1

2		8			7	3		
	4		8					
	7					9	6	
	6	5						
	3	1				6		5
	2	9	6				7	
6	9						2	1
				5	1			6

Sudoku Puzzle 2

					9			
1	5			3		7		4
	9		1		8			
9								5
		5		1	3			7
8		6						
4	2	3					8	
	1	7		5				
5						1		

Hard Sudoku Puzzles 2

Sudoku Puzzle 1

					3	5		
9	8	3		1			7	
		6				4	8	
3				7				2
5							9	1
4				6				8
		2		5				
					6	9		7
			4		8			

Sudoku Puzzle 2

5						8		
8				1		4		6
				2				
1						6		
	2		3	8				9
9	6					5	7	
					5			
		6	8		7		1	4
	1		4					8

Hard Sudoku Puzzles 3

Sudoku Puzzle 1

								6
1							8	9
	2	4	3					
	4		8			7		1
6					2	5		
9	1							
		1			9			
	9	8			3	4	1	
		2		7	1			

Sudoku Puzzle 2

8	5							3
	1	4			3	7		8
				8	2			
9		1	6	4	5			7
							5	
							9	2
5		6						
2	9	3						
				7		6		

Hard Sudoku Puzzles 4

Sudoku Puzzle 1

						9		
	2		6	4		8	5	
					1		3	
				1		6		
		8	5	3				
	6	3		7	2			5
								8
3			7	9		5	4	
							1	6

Sudoku Puzzle 2

9					6	4	7	
2	1				5			
6								5
		7	3			9		
4		5	6	8	1		2	3
				9				
	3							1
		6	9	7				
				4				

Hard Sudoku Puzzles 5

Sudoku Puzzle 1

7					9			
2		8		3		7		4
6								
				9	7		6	
9	1							
5	4				2			
		3		1			9	
						3	7	
1	2			4	3		8	

Sudoku Puzzle 2

	4			8			9	
			3				1	6
	5		1			2		
	1		9	6	4		5	
		6						9
3						1		
	8			3	5	9		
								2
7		9						3

Hard Sudoku Puzzles 6

Sudoku Puzzle 1

	3	5					7	1
			8					4
			3					9
				5	4			
3	9					2		
7		6			9			
1		7		6		4		
			5		2	7		
	6					3	9	

Sudoku Puzzle 2

3			9	7		5		
	4					1	9	
2						3	6	7
6					9			
						2		
		1	4					
	6		7	3	8			5
7	9	8	5				4	

Hard Sudoku Puzzles 7

Sudoku Puzzle 1

8				1	6		4	
		4				2		
				3	2	9		
1		5						
	3	6		7	8	4	9	1
			2					3
3	9	2						
4					7	5		

Sudoku Puzzle 2

9							8	
3			7					4
	6			2	3			
						6	7	
		3	4					9
		7						1
7					5	9	6	
	1	5	8		9			
8			3				2	

Hard Sudoku Puzzles 8

Sudoku Puzzle 1

	6			8			1	
	9			7			6	
2	1						8	
	7	6	9		5			
	5							9
			1			5	3	4
1			3					
8							9	
	3			5				7

Sudoku Puzzle 2

				6	2	4		
		8						9
						3		
8			9			7		5
			3	5				8
	5		6			2		
7		9	8			1		
		3						
			7	4		5	2	3

Medium Sudoku Puzzles 1

Sudoku Puzzle 1

		1				9	4	
4		7	8	3		2	1	
9		6	5			8		3
8			6					
				2		1	3	
					3	5		
5	7				2	4	8	
1	6			9			5	
			4	1				7

Sudoku Puzzle 2

	7	4			9	5		
1				7		8	3	4
3		2			4			1
		1	9	4		6	7	5
	8	6	3	1				
		7	5					3
	2			6	3			
			2		5			
	9					4		

Medium Sudoku Puzzles 2

Sudoku Puzzle 1

3	9		4		6			
		7				3		2
		6	3	7		5		
		3		4	9			
7	6					4	5	
9		4		6	7		1	
1	5			3			2	6
4								
		9			2		4	7

Sudoku Puzzle 2

	8	3			2			
		9	4			6		
5			9			3		
1			8				3	2
6		2		3	4			
4			5	2			6	7
3	7	1	2					
9	2					7		4
8			1	6				

Medium Sudoku Puzzles 3

Sudoku Puzzle 1

			1	7			8	
3		5			8		6	
8	1							
9	7			8		6	1	
	5					9		
6	4			9	3		5	
	6	4	9			7		8
7	8	9	5		2			
			8	4				

Sudoku Puzzle 2

	7			6				3
	9	4	7					
8		6		4	2	5		
			3	9				
4	1		5	7	6	3	2	8
							1	9
3			4			6		
		7	1	5	8			4
					9	1		

Medium Sudoku Puzzles 4

Sudoku Puzzle 1

8		1		5			7	
7					6			
		4		2		8		
		7	8		2		4	
4				9		1	6	3
5		6	1					
6							5	
2	3			7	4		1	8
	7		9		5	4		

Sudoku Puzzle 2

					4		9	
		7						8
		3						6
	1		8	2		7		
5						3		2
4		2		7	6			1
7	2	4		3		8	1	5
9	6			1			4	3
				5	2	6		

Medium Sudoku Puzzles 5

Sudoku Puzzle 1

3	9			1	7			
7		4						2
2				5		9	7	
	7	9			2	8	3	1
5						6		
		6	8		4			
8		2			3	7		
	1			9	8	5		
		7					8	6

Sudoku Puzzle 2

3	9	1	8		4			
	5							9
				5	9			8
		4				7		
		3					1	
9		5		3	2		6	4
8				6	3	5		2
			2	4			7	
4	3		7	1	5			

Medium Sudoku Puzzles 6

Sudoku Puzzle 1

2	6	1					4	9
7			3	1	2		6	
	3			6			1	7
1		3	5			6	8	
		9						
			8			9		1
			2				7	
				4	9	5		2
3	5	2	1					

Sudoku Puzzle 2

5	9							3
	6	4		8				
7	8	2		5			9	
	2		5	7		4		
	5							2
9	7	6	4					
					3	9	2	5
2	1					8	3	
		5	2	6	9			

Medium Sudoku Puzzles 7

Sudoku Puzzle 1

			8		7			
	1		4			9	7	3
				3		5	8	
		2						
			5		6	1	4	
6	4	7		1	8	3		
	6	8	1	5		2		7
	9		3			8		
			7			4		6

Sudoku Puzzle 2

	8	1						
	9	7		8	1			
		6	7	9	3	1		4
9		5	6	2				
6	4		1			8		
					5	7	9	6
	2		8					
	6	9					3	8
5					4			2

Medium Sudoku Puzzles 8

Sudoku Puzzle 1

	7		8	5	2	9		3
	4			3	6			
3			7			1		
			9	6			1	4
8		7						5
				2			8	
4		2		7		8		1
	1		2	4		6		7
			3				9	

Sudoku Puzzle 2

	3		5	1				
1						3		
	9				7		1	5
5		6	2			9		7
8		3	9	6		5	2	
								4
6		7	8	4		1		
	2	4						8
		1	3			6	4	

Medium Sudoku Puzzles 9

Sudoku Puzzle 1

5	4						9	2
		8	5	1	9			
			4		2		6	5
7	2			8				9
						4	5	
				9	4			
		5				9		6
	8	6		2	3			7
1		2	6		7	3		

Sudoku Puzzle 2

	4					3		7
8	6	7	1	3	2	5	9	
	3						2	8
			5				8	
					7	6		
		5		8		9	4	
			8	7			5	6
7		3	6					
2	5			1				3

Hard Sudoku Puzzles 9

Sudoku Puzzle 1

5		9	4					
		7				6	5	
			1					
	9			6			3	
	3		5			7	4	1
	7				1			2
				7	4	3		
	4	2						
9	1		6					

Sudoku Puzzle 2

					2			
2	4	7						5
	1				3		8	
					4		9	1
			8			2	3	
	2	4		6				
				8				6
7	9			5	1			
4	3	8						

Sudoku

Hard Puzzle 5

2	7						9	3
		6		3	9			
3						1	5	
	3		2		4			7
9	2	5				4		8
4			6					
							7	5
5					8			1
		4			3	9		

Sudoku

Hard Puzzle 6

8	4					7		1
				8			5	
		6						4
	7		1	3		4		
	2	3				1	9	8
			5					3
7	9							
				2				9
		8		4			3	

Sudoku

Hard Puzzle 1

								2
						9	4	
		3						5
	9	2	3		5		7	4
8	4							
	6	7		9	8			
			7		6			
			9				2	
4		8	5			3	6	

Sudoku

Hard Puzzle 2

4		6					5	9
				4		2		
	7							
		5	9	1			6	
	1	3				8	9	4
			2					1
5		8						
				3				8
	4			6		1		

Sudoku

Hard Puzzle 3

					8		9	
		3			1			
2					7	6		
				2				
	9	4		8		2		
7	1			4		9		5
1			9			5	3	
5	7					8	4	
					6		2	1

Sudoku

Hard Puzzle 4

	7			1			2	
5				2	7			1
		2	5		8			4
			9					
8	6		1			9	5	3
			3			1		
3								9
	2		7	5				
			2	3		4	8	

Sudoku

Hard Puzzle 6

8	4					7		1
				8			5	
		6						4
	7		1	3		4		
	2	3				1	9	8
			5					3
7	9							
				2				9
		8		4			3	

1	5				9			
		9						
		6	7			1	9	
	9	4				5		6
				8		3		7
	6	7			3			
9	4		8					1
				6		2	5	
			2					8

Sudoku

					8		9	
		3			1			
2					7	6		
				2				
	9	4		8		2		
7	1			4		9		5
1			9			5	3	
5	7					8	4	
					6		2	1

Sudoku #3

9			8		5		1	
1	3			2				
	4			9				
	7				3		2	
		1		8			7	
		2		7				9
					8			6
					9	5		1
		9	1	3		4		

Sudoku #4

							1	7
6	4	5	2					
	1							
		4			8			
		2	5			6		
						5		
	8			7	1			
					3			

Sudoku #5

9		1					8	
			6		7			3
	6							
	5				3			7
							9	
			8					
			9	1				
4	2							6

Sudoku #6

			6		3			
6			5					4
							7	
				9				1
	2							
	3	7						
8						3		
							2	
1			4	5				

Sudoku #8

			8		4			
	3					5	2	
		7						
	5			2				
				9	3			8
				5			3	
		8	6					4
		9						

Sudoku #1

						3		5
1			7					
						8		
	5			3				4
6			9				7	
	6							
			1		7		9	
	8	3						

Sudoku #2

	5		9					
		8				4		
					3		2	
							6	9
		3						
		4		8	1			
	6							
7	9							
					4	1		

Sudoku #3

							4	
1		9		3				
		8		9	6			
		1	4		5			
						1		3
			2					
				8		9		
	4						5	

Sudoku #4

			8	5				
		3	6			4		7
8	2						1	
5								
					4			2
		4			7			
			2				8	
3								

Sudoku #2

9	4		1					
			3			2	8	
					7			5
8	1			4			5	
							4	
6				8			2	3
					5		7	2
3		9			6			
	7		2					

Sudoku #5

		5				8		
					7			3
		6	8		4		1	
	7				1	6		
	4		6			3	9	
5	6			4		2		
		1			9			
	2							6
6				2	5			8

Sudoku #6

	5		7				6	
1	7						4	9
				9	3			
4	8						9	3
5	9			8	1		7	4
			2					
8	1			7	9		5	2
				6	5			

Sudoku #7

	2							
5		3		9		8		
9			5		2	4		
7	1			3	4	2	9	
		4				6		
8								7
1					5	3		2
3			2	4		7		
							8	

Sudoku #8

		9	5				1	
	1					2		
3				1	4			9
4			1					2
2			4					7
	9			2	7	8		
		8	7				5	
	5					6		
7				5	3			8

Sudoku #1

	2		6				1	7
5	6	3				8		2
6		9		7				
		5	4		6	2	9	
	3							
	1	2		4	5			8
8				1	2	3		

Sudoku #2

		8						
				4	3			
9		6				8		
			6		7			
							3	
	5						4	1
						6		9
	4	5		1				

Sudoku #3

			6			9		4
6			7					2
3				8				
8	7			9		6		5
				2	6		7	
		2	5	7				
9	3				4			
				1				3
4					9			6

Sudoku #4

4					2			8
		1		6	8			
2		6	7				9	
1					9			
			6					2
	6	2				8	4	
	2				5	9		1
8			2					3
			8	7		6		

Sudoku #5

4						7	6	
	3		8	9				
							2	9
6					7			
	5		4					
		9		2				8
					6			4

Sudoku #6

		4						
			2				3	
		6			9			
				5		6		4
						9		
1			3			8		
2							9	
3								
					6	7		

Sudoku #7

	7		8				6	
		3			2	5		9
					4		7	
5						7		
	1							5
		7	6				9	
		9		8				
1	8			2			3	
		6	1			2		

Sudoku #3

				1				
		6					5	
				3	8			
1					2			
	8							
			5				9	7
		5				2		
		9	3					
				8				1

Sudoku #4

					6			
9		8						2
				1	4			7
			2				8	
	4							6
		5	3					
					7			
	1							
		3				9	5	

Sudoku #5

		6						
		3			5			
				8		7		
			6					3
7								
8				4				
9					1	8		
	4		3					5
							1	

Sudoku #6

					5			
					3		7	1
				8		2	5	4
	2			5	9		3	
8				7	6			
1								
							4	3
	8							6
4			6			1		2

Sudoku #7

5	1	8		4	3	7		
	9			8				2
							1	3
7			4					
	6		3	9	5			
					9			8
8		5						
	7			5		4	6	

Sudoku #8

	4			7		3		
						8		
				6				
		5						4
		8						
			1	4			6	
	3		8		9			
			5					
	1						7	

Sudoku #1

	3	4	7	1				8
	2	9			3			
		8				6	2	1
				3				
2					1		5	
	9		4		6	5	7	
5	8		3					

Sudoku #4

					3		2	1
			9			4	6	7
					6			
	4		6		5		3	
		9	2		8			
		1						
							7	3
		7		8		1		4
	9							8

Sudoku #5

2	1		8			6		
						1		
6	9	3						5
4		6	1		8			
	3	5	2				9	
				8			5	
					3			
	6	2	7		1			

Sudoku #8

		7				2	1	
9			6		5			
		1		2				
3			7					
							4	5
	5				4			6
				1				7

Sudoku #1

8			4	2			9	
							6	
7	3		8	1	6			
			6	8	7		4	
9							1	3
						2		
	2					4	3	
3		8	7					9

Sudoku #2

		7			6			
		5						
			4				8	
8			1					
				2				5
4								
					4			
9	1						4	
				5	7	2		

Sudoku #3

		3		2				5
	7			4				
								9
		2						
						8	1	
9		5		6				
		6						1
			7		3	4		
					8			

Sudoku #4

							9	
	8			4	7			
								2
	4	7				5		
			2		3		1	
		9						
1		2			6			
				7		4		

Sudoku #5

				8		3	6	
				5	2		8	
3		8						2
			2			4		1
	9	3			8			
			9	4		6		
			5	3	9	7	1	4
	1							3
7					4			

Sudoku #6

	6	5		3	9		4	1
1							3	
				1				7
	7				5			
	3			9	6		7	
			2				9	
		6		4				
	8	7	1	5			6	4
	1					5		

Sudoku #7

9						2		6
			4					
					7			
				9	5	3		
		4				5		
	8							
5					9			
							8	
				2			4	7

Sudoku #8

	2					1	7	
1		7		6				9
3		8						
	9		4					
					2		6	
2	8		5		6	9	4	
						3		4
		4		5		6		7
	6						8	

Sudoku #1

			3				2	6
	1	8			5			
				6				3
	4					8	9	
	5			4				
2								
					4	5		
6								

Sudoku #2

	3				2			
	5							
						4		6
	2						3	
			8	6				7
		4						
			3			2	1	
6								
7			9					

Sudoku #6

9			4					
		2				6		
			5				8	
						3		
		6				2		1
	5		9					
				2				
	8						5	
		3		1				

Sudoku #7

		5		7	4	6		
					1			
2								9
				2				
						5	1	
8			3	9				
		6						
		4						
				8			7	3

Sudoku #8

				5			9	2
7		6						
1								8
4						7		
						3		
				8	2			
			7					
		2						6
			4			1		

Sudoku #1

							9	3
	6				5			
	5		7					
						7		2
9		4		8				
3								
	2				7	1		
8							4	
			6					

Sudoku #2

1		4						
								8
				3	5			7
					3			
4						9		
	5			8	7			
	7							
						6		
			9			4	1	

Sudoku #3

			5			4		
		2	8					
	3							6
								9
	6						7	3
5			1					
				3				
	9			7				
1						5		

Sudoku #4

		6					5	
				3				
1				2				
						2		
		8	7					
				4		3	1	
2								
			5		8			6
			6				7	

Sudoku #6

	7		8		6			
	8		3					4
9	5					2		
7		2	1			6		
3		8	4		9		7	2
5	1	4	6					
8	4	7	9	6	3		2	
1	3	5					6	9
	2	9	5	4		8	3	7

Sudoku #7

	2				6	9	1	
							5	7
	4		1			8	3	
9			4	8		3	2	
8	3		6	1	2	5		
7	6		5	9				1
3		6	2	5	1	7	4	8
	7	1	3	6		2	9	5
		8	7	4	9			

Sudoku #2

				1				
8								7
				3	9			
		9		4	1			
								5
	7					2		8
5			8					
	1						3	
							4	

Sudoku #3

				3		4		
						9		
	7	8						
4								
			7				8	2
							7	
				4	5			
	2						1	
3				6	9			

Sudoku #4

6								
2	9		5					
						8	7	
	6		2					9
		7			3	1		
				1	7			
					8			
	5							6

Sudoku #5

	4					5		
		1			6		8	
			3					
9								
						7		4
8		6			2			
			7					
		2					9	
			4	5				

Sudoku #5

3					1			
					4			
		7						2
					3	1		
	8							
		2		8			5	
	5			2			6	
1						4		
				7				

Sudoku #6

	6					7		
		4			9			
						1	6	
	3				2			
	7							
					4			2
		2						9
	1		6					
		8		7				

Sudoku #7

2	4							
					1			5
	5	1						9
			2	7			6	
						7		
	6		3			2	4	
		3			9			

Sudoku #8

	3							
		2	7	9	3	5		
4	5							
8						2		
					4	3		
9					6	7		1
	7		2		5	1		
								6
					1			

Sudoku #1

		1				3	4	
6				7				
5	8	2			3	9		
	7	6	4		5	1		
		3	9	2			8	
			7		1	6	9	5
	6		8		2	4	1	9
4		5			7	2	3	8
8	2	9	3	1	4	5	7	6

Sudoku #2

5			1	2				
7	6			9	5			
4							5	
8	9	5	6			1		3
2	7	4	3		1	9		8
6		3	9				4	2
			8	6	7	3		
1	8	7		3	9	4	2	6
	5		2	1	4	8		7

Sudoku #3

	6			3	4			1
		1			2			
5	2			6			8	
3			2	9				8
7	5	9	6		8		2	
1			7	5			4	
	3	7	4		5	8	9	
8	1	4	3	2	9		6	7
	9	5		7	6	3	1	4

Sudoku #4

	7		4	8		6	2	
	3							9
1				6	5			
	5	4			9		1	
2	8	7	5	4	1		3	6
	9			3		5		2
7	6	9	2	1	4		8	
4		8	3		6	2	9	
5	2	3	7		8	1		

Sudoku #5

	4	7						
			3	9				
					1		8	6
5	6	1	4	7		9	2	
8		3						5
7		4	2	8				
1		5	9	6	8	2	3	
4		6	1	2	7	8		
9		2	5	3	4	7	6	1

Sudoku #1

		1				3	4	
6				7				
5	8	2			3	9		
	7	6	4		5	1		
		3	9	2			8	
			7		1	6	9	5
	6		8		2	4	1	9
4		5			7	2	3	8
8	2	9	3	1	4	5	7	6

Sudoku #2

5			1	2				
7	6			9	5			
4							5	
8	9	5	6			1		3
2	7	4	3		1	9		8
6		3	9				4	2
			8	6	7	3		
1	8	7		3	9	4	2	6
	5		2	1	4	8		7

Sudoku #3

	6			3	4			1
		1			2			
5	2			6			8	
3			2	9				8
7	5	9	6		8		2	
1			7	5			4	
	3	7	4		5	8	9	
8	1	4	3	2	9		6	7
	9	5		7	6	3	1	4

Sudoku #4

	7		4	8		6	2	
	3							9
1				6	5			
	5	4			9		1	
2	8	7	5	4	1		3	6
	9			3		5		2
7	6	9	2	1	4		8	
4		8	3		6	2	9	
5	2	3	7		8	1		

Sudoku #5

	4	7						
			3	9				
					1		8	6
5	6	1	4	7		9	2	
8		3						5
7		4	2	8				
1		5	9	6	8	2	3	
4		6	1	2	7	8		
9		2	5	3	4	7	6	1

Sudoku #6

	7		8		6			
	8		3					4
9	5					2		
7		2	1			6		
3		8	4		9		7	2
5	1	4	6					
8	4	7	9	6	3		2	
1	3	5					6	9
	2	9	5	4		8	3	7

Sudoku #7

	2				6	9	1	
							5	7
	4		1			8	3	
9			4	8		3	2	
8	3		6	1	2	5		
7	6		5	9				1
3		6	2	5	1	7	4	8
	7	1	3	6		2	9	5
		8	7	4	9			

www.ingramcontent.com/pod-product-compliance
Lightning Source LLC
Chambersburg PA
CBHW081713250726
48657CB00010B/2990